Die

Vorbildung der höheren Verwaltungs-Beamten in Preußen.

Von

Wolter,

Stadtrath zu Burg.

Separat-Abdruck aus der Zeitschrift für Gesetzgebung und Rechtspflege.

Berlin,

Verlag von J. Guttentag.

1868.

Die Vorbildung der höheren Verwaltungsbeamten in Preußen.[1])

Vorwort.

Die Tagespresse bringt seit einiger Zeit wiederholt Nachrichten über Verhandlungen des preußischen Staats-Ministeriums, welche eine Reform der jetzt bestehenden Vorbildung der höheren Verwaltungsbeamten in Preußen zum Zweck haben. Der Verfasser des nachfolgenden Aufsatzes, dessen nächster Veranlassung im Anfang der Einleitung gedacht ist, hielt es für angezeigt, als einen Beitrag zu der in Rede stehenden Frage, seine aus amtlichen Erfahrungen gewonnenen Ansichten zu veröffentlichen und dadurch mitzuwirken, den so wichtigen Gegenstand auch literarisch weiter zu erörtern.

Daß in den Vorschlägen für den Gang und das Verfahren bei der Ausbildung der höheren Verwaltungsbeamten nicht Erschöpfendes, sondern nur Andeutungen gegeben werden sollten, bedarf nach dem Inhalt der Schrift kaum der Erwähnung.

In dem Januarheft der preußischen Jahrbücher von 1866 findet sich ein Aufsatz des Regierungs-Assessors a. D. Eugen Richter über die Vorbildung der höheren Verwaltungsbeamten in Preußen, welcher, wie wenig man auch den sonstigen politischen Standpunkt des Verfassers theilen mag, doch für eine so beachtenswerthe und verdienstliche Arbeit zu erachten ist, daß eine weitere Erörterung des Gegenstandes im staatlichen Interesse nicht nur wünschenswerth, sondern sogar geboten erscheint.

Der Artikel gipfelt in den Vorschlägen:

1. von der juristischen Vorbildung in dem bisher erforderlich erachteten Maaße abzusehen, vielmehr die akademischen Studien vorzugsweise auf die eigentlichen Staats- und Kameralwissenschaften zu beschränken und die praktische Beschäftigung im Justizdienst ganz fallen zu lassen;
2. die praktische Beschäftigung, welche zur Zeit ausschließlich bei den

---

[1]) Vgl. über diesen Gegenstand auch die neuerdings erschienene Schrift: „Ueber die Universitätsstudien und Staatsprüfungen der preußischen Verwaltungs-Beamten von Dr. Erwin Nasse, Professor in Bonn. Bonn bei Markus. 1868.

Bezirks-Regierungen erfolgt, bei den Kommunal-Verwaltungen beginnen, bei den Landraths-Aemtern fortführen und bei den Regierungen beendigen zu lassen;

3. das Prüfungswesen dahin zu reformiren, daß an Stelle der jetzigen drei, nur zwei Prüfungen treten, von denen die erste, am Schlusse der akademischen Studien, nur die wissenschaftliche Vorbereitung, die zweite am Ende der praktischen Vorbildung nur die staatsgeschäftliche Aus- und Durchbildung des Examinanden festzustellen hat.

Die Gegenvorschläge, deren Ausführung und Begründung in der nachstehenden Darstellung versucht worden, sind folgende:

1. Die bisherige Verbindung der rechts- und staatswissenschaftlichen Studien mit Einschluß der Kameralien auf der Universität, bleibt unter Ausschluß jeden Kollegienzwanges, aufrecht erhalten.
2. Nach Vollendung der akademischen Studien erfolgt vor einer wissenschaftlichen Prüfungs-Kommission eine das Gesammtgebiet der Rechts-, Staats- und Kameral-Wissenschaften umfassende Prüfung, welche, wenn sie günstig ausfällt, den Examinanden zum Eintritt sowohl in den Justiz- als in den Verwaltungsdienst berechtigt.
3. Für die praktische Vorbildung im Verwaltungsdienst wird, analog den Bestimmungen für die Gerichts-Referendarien ein Zeitraum von 5 Jahren festgesetzt, während dessen der angehende Beamte 1 Jahr lang bei einem Gericht, 1 bis 1½ Jahre bei der Kommunalverwaltung einer mittleren Stadt, 1 bis 1½ Jahre bei einem Landrathsamte und die übrige Zeit bei einer Bezirks-Regierung zu beschäftigen ist.
4. Nach Absolvirung dieser Stationen erfolgt die Staatsprüfung, welche unter repetitorischer Berücksichtigung der wissenschaftlichen Befähigung des Examinanden vorzugsweise dessen staatsgeschäftliche Aus- und Durchbildung festzustellen hat.

I.

Die bedeutenden Veränderungen, welche sich seit einem Menschenalter auf allen Gebieten des staatlichen, gewerblichen und sozialen Lebens vorbereitet und vollendet haben, sind auch auf die Stellung der Staats-Beamten und auf die an sie zu machenden Anforderungen nicht ohne Einfluß geblieben; die Staatsregierung, welche darauf Anspruch macht, auf der Höhe der Zeit zu stehen, hat daher keine größere Aufgabe, als sich mit Organen zu umgeben, welche selbst nicht nur ein Verständniß dieser Zeit, sondern auch die Befähigung haben, den Fortschritten derselben zu folgen, ja, um einen sehr bekannt gewordenen Ausspruch zu gebrauchen, um den Bewegungen der Zeit immer um einen Schritt voraus zu sein. Napoleon III. sprach in seiner Antrittsrede als Präsident der französischen Republik den geschichtlich tausendfach bewahrheiteten Gedanken aus, daß in Zeiten großer Volksbewegungen immer

Männer sich zu erheben und in den Vordergrund zu treten verstehen, welche alle gegebenen Zustände über Bord werfen und Theorien predigen, die an sich richtig sind, zu deren Durchführung es aber an allen realen Bedingungen fehlt und die daher nur allmählig durch weise Maaßregeln der Regierung zu praktischer Geltung gelangen können. In diesem Gedanken liegt der allein richtige Grundsatz ausgesprochen, daß die Wissenschaft und das Leben — dieses gleich sehr in seiner nackten und prosaischen, wie in seiner höheren und idealeren Gestalt — die Quellen aller wahren Staatsweisheit bilden. Diese kann nur durch eine gehörige wissenschaftliche und praktische Ausbildung des Staatsbeamten gewonnen werden, und wir vermögen uns der Ueberzeugung nicht zu verschließen, daß in dieser Beziehung die preußische Gesetzgebung und Verwaltung hinter berechtigten Forderungen der Zeit zurückgeblieben, ihnen wenigstens nicht nach allen Seiten, insbesondere nicht bezüglich der höheren Verwaltungsbeamten, gerecht genug geworden ist. Wie die Sachen — abgesehen von den höheren technischen Beamten des Bau-, Berg-, Post- und Forstdienstes, für welche bei Weitem mehr geschieht — gegenwärtig liegen, so haben die bei den Bezirks-Regierungen eintretenden Referendarien vor den oberen Subalternbeamten als wissenschaftliche und praktische Unterlage nur voraus: das (oft nicht recht benutzte) akademische Triennium und einen ein- bis zweijährigen Justizdienst, den sie im Hinblick auf ihren eigentlichen Beruf vielleicht auch nur als ein onus angesehen haben. Während dieses 4—5 jährigen Zeitraums aber hat sich der Civil-Supernumerarius, der vor seinem Eintritt in den Dienst die erste Gymnasialklasse besucht oder gar das Abiturienten-Examen absolvirt hat, eine nicht zu verachtende praktische Ausbildung angeeignet, welche sich nicht bloß auf den formalen Dienst beschränkt, sondern mehr oder weniger, je nachdem er wissenschaftliches Streben vom Gymnasium mitgebracht hat, sich auch auf den materiellen Theil der Geschäfte erstreckt. Daß den höheren Regierungs-Subaltern-Beamten innerhalb ihrer Arbeits-Sphären eine große praktische Tüchtigkeit und Kenntniß der bezüglichen Verwaltungs-Materien innewohnt, und daß sie den Mitgliedern der Regierungs-Kollegien dadurch einen guten Theil der Geschäfte abnehmen, ist eine bekannte Thatsache, welche auch in den ersten funfziger Jahren den Herrn v. Unruh in einer seiner damaligen Broschüren zu der Bemerkung veranlaßte, daß es nach der Bewegung des Jahres 1848 gerathen gewesen wäre, die den Reformen abgeneigten oberen Beamten durch tüchtig geschulte Subalternen, Landräthe z. B. durch die in ihren Kreisen beliebten Kreis-Sekretaire zu ersetzen.[2])

[2]) Man kann zugeben, daß ein solches Verfahren für den formellen Geschäftsgang, namentlich bei den Kreisverwaltungen, ohne augenblickliche nachtheilige Folgen gewesen wäre: jedenfalls aber wäre damit ein arger Fehlgriff insofern begangen, als ein großer Theil der Kreise sofort jeden festen Anhalt und jede Gewähr für eine umsichtige, gleichmäßig auf Erfahrung und Wissenschaft gegründete Verwaltung verloren hätte. Nicht etwa, weil die Mehrzahl der damaligen Landräthe dieses nothwendige Verwaltungstalent besessen hätte, sondern weil sich die Staatsregierung durch die Anstellung an sich praktisch tüchtiger, aber durchschnittlich doch theoretisch nicht

Es genügt aber weder diese rein praktische Befähigung, noch die vorgeschlagene einseitige, bloß auf die eigentlichen Staatswissenschaften beschränkte und diese von den Rechtswissenschaften im engeren Sinne trennende akademische Vorbildung: vielmehr ist es ein allseitiges, das Gesammtgebiet der Rechts- und Staatswissenschaften umfassendes Studium, das der angehende Beamte von der Universität zu seinem praktischen Berufe mitzubringen hat.

Eine durchgreifende Trennung der Rechts- und Staatswissenschaften ist überhaupt weder theoretisch noch praktisch ausführbar, denn wie immer man sich auch den Staat entweder in seiner empirischen Erscheinung oder nach seiner idealen Natur konstruirt, jederzeit wird es der Begriff des Rechtes sein, um den, wie um einen festen Punkt, die Zwecke und die Institutionen des Staats, gleich koncentrischen Kreisen mit centripetaler Kraft sich bewegen. Daraus folgt aber auch für den Staatsdienst, daß der sich demselben Widmende, unbeschadet ob er sich für den einen oder den anderen Zweig, also etwa für die Rechtspflege oder für diese oder jene Verwaltungsbranche vorzugsweise bestimmt hat, auch das ganze Gebiet der Rechts- und Staats- und ihrer Hülfswissenschaften mit seinen Studien soweit umfaßt, daß er den Zusammenhang derselben, sowie den Inhalt und die Hauptgrundsätze der einzelnen hinreichend in sich aufgenommen und verarbeitet hat, um sich mit Erfolg dem speziellen Berufsfach hingeben und die Lehren der Wissenschaft auf die konkreten Verhältnisse und die darauf gegründete Gesetzgebung anwenden zu können.

Man wird hierbei allerdings nicht verlangen wollen, daß beispielsweise ein Richter mit den theoretischen und statistischen Details und allen kontroversen Fragen der National-Oekonomie und der Staatswirthschaftslehre vertraut sei; daß er sich mit der Landwirthschaft und deren Verzweigungen bis ins Kleinste beschäftigt habe, oder daß er die Agrargesetzgebung so genau kenne, wie etwa das Obligationenrecht: aber im Hinblick auf die vielfachen Beziehungen, in die ihn sein Amt nach den oben angeführten Richtungen bringen kann, wird ohne Unbilligkeit die Forderung an ihn zu stellen sein, daß er mit den drei Hauptsystemen der National-Oekonomie und deren allgemeiner geschichtlicher Entwickelung, sowie mit den hauptsächlichsten Begriffsbestimmungen dieser Wissenschaft bekannt sei, daß er in der Landwirthschaft den Unterschied der verschiedenen Feldersysteme, die allgemeinen Klassifikationen des Bodens und die Hauptmomente der staatlichen Beförderung des Landbaues, den Einfluß der technischen Gewerbe und der Agrargesetze auf denselben wenigstens im Ganzen und Großen kenne. Fragen dieser Art können jeden Augenblick an den Richter herantreten in Vormundschaftsachen, mit denen z. B. die Verwaltung eines großen Güterkomplexes, einer Fabrik etc. verbunden ist, und es macht auf die bei derartigen Verhandlungen zuzuziehenden Sachverständigen einen die Befähigung des Richters

hinreichend vorgebildeter Kreis-Sekretaire für lange Zeit die Hände gebunden und an den Einschub tüchtiger, wissenschaftlich und praktisch durchgebildeter Beamten gehindert hätte. In diesem Sinne hat sich der Verfasser schon damals ausgesprochen.

leicht kompromittirenden und schwer zu verwischenden Eindruck, wenn dieser den Ersteren gegenüber gar zu sehr als Laie, oder gar als Ignorant erscheint.

Es kann, wenn man so ausgedehnte Forderungen an den Staats-Beamten stellt, nun allerdings die Frage aufgeworfen werden, ob zu einem so umfangreichen Studium ein Zeitraum von 3 Jahren ausreichend, oder ob nicht vielmehr unter solchen Voraussetzungen ein akademisches Quadriennium, wie für die Mediziner, auch für die Juristen vorzuschreiben sein würde. Wir verneinen die letztere Alternative: einmal sind zu lange dauernde theoretische Studien, wenn dafür nicht ein ganz besonderes Talent vorhanden ist, einer leichten und unbefangenen Auffassung realer Verhältnisse nicht günstig, — die Studien der Mediziner in den drei letzten Semestern sind bereits größtentheils den Uebungen am Krankenbett gewidmet und bereiten unmittelbar auf die ärztliche Praxis vor, so daß die rein theoretischen Studien in der medizinischen Fakultät eigentlich auch nur 3 Jahre dauern — sodann ist aber auch das rechts- und staatswissenschaftliche Material bei richtiger Methode und gewissenhafter Zeitbenutzung innerhalb dreier Jahre in der That zu bewältigen. Von der doppelten Aufgabe der Universität, die Resultate der Wissenschaft nach deren jeweiligem Standpunkte festzustellen und durch Forschung die Wissenschaft weiter zu fördern, handelt es sich für den Studirenden, der sich dem Staatsdienst widmen will, nur um die Erstere und um ein je nach dem gewählten Berufe tiefer gehendes encyklopädisches Studium, das ihn zu einer wissenschaftlichen Auffassung der seiner wartenden Amtsthätigkeiten und den diesen entsprechenden selbsteigenen Studien befähigt. Wenn hierbei nachdrücklichst an die Pflicht des Staats erinnert werden muß, in weitgehendster Weise für die Gelegenheit zur Ausbildung der Studirenden zu sorgen durch Kreirung staats- und kameralwissenschaftlicher Lehrstühle, durch Besetzung derselben mit anerkannt tüchtigen Lehrkräften unter möglichst gleichmäßiger Berücksichtigung aller vaterländischen Universitäten, so wollen wir uns selbstverständlich nicht anmaaßen, Andeutungen zu geben, welche das technisch-didaktische Gebiet berühren würden, wohl aber muß ein Punkt ganz besonders hervorgehoben werden: es ist dies die nothwendige Einrichtung, daß in jedem, wenigstens aber, da zu Ostern die meisten Uebergänge vom Gymnasium zur Universität erfolgen, in jedem Sommersemester bei allen Fakultäten und zwar p u b l i c e ein hodegetisches Kollegium gelesen wird, welches in der juristischen Fakultät das ganze Gebiet der Rechts- und Staatswissenschaft und deren inneren Zusammenhang zu umfassen, Belehrung über die zweckmäßigste Reihenfolge der zu hörenden und der dem Privatstudium zu überlassenden Disziplinen und Anleitung über die Fortsetzung der wissenschaftlichen Studien nach Ablauf der akademischen Zeit zu geben hat.

Eine solche Vorlesung, welcher zweckmäßig ein in den Händen der Studirenden befindliches gedrucktes Kompendium zu Grunde zu legen ist, orientirt die Letztern nicht nur schnell beim Beginn der Studien auf dem Gebiete der gewählten Wissenschaft, sondern ist auch ganz besonders geeignet, die Hauptgrundsätze der einzelnen Disziplinen im Gedächtniß übersichtlich festzuhalten und zu rekapituliren und hieran die in gegebenen Fällen nöthigen gründlicheren Studien anzuknüpfen.

II.

Daß Prüfungen ihren eigentlichen Zweck nur sehr unzulänglich erfüllen, ist bekannt; nicht minder, daß Prüfungsvorschriften, die an sich unschwer zu entwerfen sind, auf dem Papier sich meistentheils ganz vortrefflich ausnehmen, in der Ausführung aber sehr schwer zu handhaben sind, und wenn sie längere Zeit ohne Revision in Kraft und die Mitglieder der Kommission dieselben bleiben, ihren praktischen Werth gänzlich verlieren und schließlich zu Vorbereitungs-Instituten und Einpauck-systemen führen, welche es nicht verschmähen, selbst unter Zeitungs-Reklamen eine Rolle zu spielen.

Dennoch dürften trotz aller materiellen und formellen Mängel die Prüfungen als Regel aufrecht zu erhalten sein, da sie den Beamten selbst wenigstens einigen Schutz gewähren gegen ganz unbefugte Eindringlinge, gegen Geburts- und Vermögensbevorzugungen und Nepotismus. Aber die Forderung sollte wenigstens an das gesammte staatsdienstliche Prüfungswesen gestellt werden, daß es nach einem einheitlichen Plane und nach Gesichtspunkten geregelt sei, unter denen überhaupt die Befähigung zum Staatsdienst aufgefaßt werden muß, unter den Gesichtspunkten nämlich einer möglichst gleichmäßigen wissenschaftlichen und praktischen Ausbildung. Danach würden sich denn drei Arten von Prüfungen ergeben:

1. eine allgemein wissenschaftliche,
2. eine fachwissenschaftliche,
3. eine praktische.

Die allgemein-wissenschaftliche Befähigung wird am Schlusse des Gymnasialkursus durch die von allen Prüfungen jedenfalls am besten geordnete Maturitätsprüfung dargethan; sie ist für den höheren Staatsdienst von besonderer Wichtigkeit, denn bezüglich des verlangten positiven Wissens ist sie die schwierigste und zugleich diejenige, welche für die Tüchtigkeit und Befähigung zu weiteren Fach- und Berufsstudien die meiste Gewähr bietet. Dieser Vorzug, den naturgemäß die übrigen Prüfungen nicht haben können, liegt darin begründet, daß die Examinanden, der größten Mehrzahl nach, von früher Jugend an eine einheitliche Ausbildung genossen und daß sie nach erreichtem Ziel von einer Kommission geprüft werden, von welcher sie nach ihren sittlichen und wissenschaftlichen Bestrebungen und nach ihrem intellektuellen Standpunkte auf das genaueste gekannt sind, und welche schon vor Beginn der Prüfung ein sicheres Urtheil über den Ausfall derselben hat.

Das freiere, der schulmäßigen Leitung entbehrende Universitätsstudium, die größere Unabhängigkeit in allen Lebensverhältnissen, besonders von den akademischen Lehrern, wodurch in den meisten Fällen jeder direkte Einfluß der Letztern auf die Studien ausgeschlossen wird, nicht minder der Besuch verschiedener Universitäten bringen es mit sich, daß, wenn es sich um eine fachwissenschaftliche Prüfung nach Beendigung des akademischen Trienniums handelt, die Examinatoren niemals mit derjenigen Sicherheit ein Urtheil über die Befähigung des Examinanden fällen können, wie die Gymnasial-Prüfungs-Kommission. Gleichwohl liegt es nahe, bei der fachwissenschaftlichen Prüfung, namentlich der künftigen Justiz- und Verwaltungsbeamten, analog wie bei dem Maturitäts-Examen, in der Art zu verfahren,

daß der Unterrichts-Minister nach etwaigem Einvernehmen mit den Ministern der Justiz, des Innern und der Finanzen bei jeder Universität unter dem Vorsitz eines Staats-Kommissarius eine aus dem Decan und Mitgliedern der juristischen, resp. philosophischen Fakultät bestehende Prüfungs-Kommission ernennt, bei welcher die Anträge auf Zulassung zur fachwissenschaftlichen Prüfung zu stellen sind.

Solchem Antrage würden folgende Schriftstücke zur Begründung beizufügen sein:

1. das Zeugniß der Universitätsreife;
2. das Abgangszeugniß der Universität, resp. wenn der Kandidat mehrere Universitäten besucht hat, von jeder derselben;
3. ein in deutscher Sprache abgefaßter Lebensabriß über den Gang der wissenschaftlichen Ausbildung des Kandidaten, aus welchem zugleich hervorgeht, mit welchen juristischen und staatswissenschaftlichen Disziplinen, außer den gehörten, er sich vorzugsweise durch eigene Studien vertraut gemacht hat;
4. eine wissenschaftliche Abhandlung aus dem Gebiete der Rechts- und Staatswissenschaften unter der Versicherung, daß dieselbe, abgesehen von der Benutzung der namhaft zu machenden literarischen Hülfsmittel des Examinanden eigene Arbeit sei. An Stelle dieser Abhandlung kann auch eine dem rechts-, staats- oder kameralwissenschaftlichen Gebiete entlehnte Dissertation, auf Grund deren rite die Doktorwürde erworben worden, überreicht werden.

In dem Antrage hat der Kandidat sich zugleich darüber auszusprechen, ob er sich speziell dem Justiz- oder dem Verwaltungsfache widmen will, und welchen Disziplinen er demzufolge vorzugsweise seine Studien zugewendet habe.

Die hiernächst zu veranlassende — lediglich mündliche — Prüfung hat sich gleichwohl wegen der unter I. gedachten nahen Verbindung der Rechts- und Staatswissenschaften und ihrer vielfachen praktischen Berührungen auf das Gesammtgebiet derselben zu erstrecken, wobei nicht ausgeschlossen, vielmehr selbstverständlich ist, daß bei dem künftigen Richter mehr auf die juristischen, bei dem künftigen Verwaltungsbeamten mehr auf die Administrativ-Disziplinen einzugehen ist. Hinsichtlich des Maaßes der Letzteren können die Worte des §. 2. des Regulativs über die Befähigung zu den höheren Aemtern der Verwaltung vom 14. Februar 1846 angeführt werden: Der Kandidat „muß darthun, daß er sich mit den Staatswissenschaften vertraut gemacht, die Hauptgrundsätze der National-Oekonomie, der Polizei- und Finanzwissenschaft sich angeeignet und wenigstens allgemeine Bekanntschaft mit den kameralistischen Hülfswissenschaften, insbesondere auch der Landwirthschaftslehre erlangt habe."

Nach beendeter Prüfung treten die sämmtlichen Mitglieder der

Prüfungs-Kommission zur Berathung über den Ausfall der Prüfung zusammen. Das Ergebniß derselben ist in einem allseitig zu vollziehenden Protokoll zusammenzufassen und muß gleich dem hiernächst auszufertigenden Prüfungszeugniß die bestimmte Angabe enthalten:

„daß der Kandidat die fachwissenschaftliche Reife zum Eintritt in den höheren Staatsdienst erlangt oder nicht erlangt habe."

Letztern Falls ist dem Kandidaten die Wiederholung der Prüfung nach halbjähriger Frist, eine dritte Zulassung aber nur mit ausdrücklicher Genehmigung der Ressort-Minister gestattet. In Bezug auf Form und Inhalt des Prüfungs-Protokolls und des Prüfungszeugnisses können mutatis mutandis die analogen Bestimmungen der §§. 25. 26. und 31. des Prüfungs-Reglements vom 4. Juni 1834 zur Anwendung gebracht werden, wobei es sich von selbst versteht, daß die in den Maturitäts-Zeugnissen vorgeschriebene persönliche Charakteristik wegfällt.

Mit dem Zeugniß der fachwissenschaftlichen Reife erhält der Kandidat das Recht zum Eintritt in den höheren Staatsdienst Behufs seiner praktischen Ausbildung.[3])

III.

Nach den obigen Vorschlägen würde sich für die nunmehr erfolgende praktische Ausbildung im Verwaltungsdienste[4]) das nachstehende Verfahren ergeben.

---

[3]) Neueren Zeitungs-Nachrichten zufolge soll es beabsichtigt werden, für den gesammten oberen (Justiz- und Verwaltungs-) Staatsdienst nur einerlei Vorbildung und deshalb auch nur eine, hauptsächlich die richterliche Befähigung ins Auge fassende, große Staatsprüfung eintreten zu lassen. Ein solches Verfahren würde nach Ansicht des Verfassers entschieden zu mißbilligen sein und jedenfalls den davon gehegten Erwartungen auf die Dauer nicht entsprechen, weil ungeachtet der mannigfachen Berührungspunkte beider Staatsdienst-Gebiete diese doch wesentlich auf verschiedenen Grundlagen, beziehungsweise dem Privat- und dem öffentlichen Rechte, beruhen und jedes derselben ein umfassendes theoretisches und praktisches Studium erfordert. Es unterliegt allerdings keinem Zweifel, daß ein durchgebildeter Richter je nach Neigung oder besonderem Geschick auch zu einem Verwaltungsamte vorzüglich qualifizirt sein kann, und von ihm nach der juristischen noch eine Verwaltungsprüfung verlangen zu wollen, würde nichts weniger als gerechtfertigt sein: allein das Verwaltungspersonal lediglich aus den für die richterliche Laufbahn vorbereiteten Beamten zu nehmen, würde — abgesehen von allem Uebrigen — schon deshalb mißlich sein, weil die Gewähr fehlt, daß sich immer eine hinreichende Zahl richterlicher Beamten findet, welche geneigt und nach ihrer Persönlichkeit befähigt sind, zur Administration überzugehen. Bekanntlich erfordert die Justiz in Preußen ein sehr zahlreiches, zur Zeit kaum ausreichendes richterliches Personal; ein erhebliches Kontingent der richterlichen Beamten (Assessoren und Kreisrichter) wendet sich der, künftig jedenfalls freien Advokatur zu, und wenn erst, was unmöglich noch lange verzögert werden kann, die Besoldungen der Richter zu denen der höheren Verwaltungsbeamten in das richtige Verhältniß gesetzt sein werden, wird es vollends nicht möglich sein, sich der nöthigen Anzahl höherer Verwaltungsbeamten zu versichern, wenn diese bloß dem Richterstande entnommen werden sollen. Letzteres würde aber auch dem Staate keineswegs zum Gewinn gereichen, vielmehr könnten dadurch, wie die weitere Darlegung ergeben wird, leicht sehr erhebliche Verwaltungs-Interessen gefährdet werden.

[4]) Die Meldung zum Eintritt in den Justizdienst würde unter Beibringung derselben Zeugnisse beim Justizminister anzubringen sein.

1. Die Meldung zum Eintritt in den Staatsdienst geschieht schriftlich bei den Ministern des Innern und der Finanzen; dem Antrage, welcher zugleich die Wünsche des Kandidaten in Bezug auf die Bezirksregierung und die Orte seiner Beschäftigung genau zu bezeichnen hat, sind beizufügen:

1. das Zeugniß der Universitätsreife,
2. das oder die Abgangszeugnisse der Universität,
3. das Zeugniß über die fachwissenschaftliche Reife zum Eintritt in den Staatsdienst,
4. der Nachweis der Subsistenzmittel bis zur definitiven Anstellung im Staatsdienst.

Eine Zurückweisung des Antrags ist nur zulässig, wenn gegen den Antragsteller offenkundig solche Thatsachen zur Sprache kommen, welche der straf- oder disziplinargesetzlichen Rüge unterliegen würden. Die Wünsche des Kandidaten bezüglich der Bezirksregierung und der Orte seiner Beschäftigung, müssen, soweit es irgend möglich ist, berücksichtigt werden.

Die Minister des Innern und der Finanzen überweisen hiernächst den von ihnen zum Regierungs-Referendarius angenommenen Kandidaten dem betreffenden Regierungs-Präsidium zur Einführung in das Regierungs-Kollegium. Alsdann wird durch Korrespondenz des Regierungs-Präsidiums mit dem im Bezirk belegenen Obergericht zunächst die Beschäftigung des Referendars im Justizdienst veranlaßt.

2. Die Beschäftigung im Justizdienst, durch welche zugleich sofort auf eine größere Präzision und Korrektheit bezüglich der formellen Behandlung der Geschäfte hingewirkt wird, hat vor allem den Zweck, den angehenden Verwaltungsbeamten in geeigneter Weise mit dem Geist und dem Geschäftsbetriebe der vaterländischen Rechtspflege bekannt zu machen. Es versteht sich dabei aber mit Bezug auf das, was über die Befähigung des Richters rücksichtlich der ihn berührenden Verwaltungsfragen oben unter II. gesagt ist, ganz von selbst, daß vom Regierungs-Referendarius nicht zu verlangen ist, er solle sich während seiner Beschäftigung beim Gericht in die Details der verschiedenen Privatrechte und in privatrechtliche Streitfragen oder sonst in speziell juristische Materien vertiefen: wohl aber muß er es als seine Aufgabe ansehen, das vaterländische Privatrecht soweit kennen zu lernen, daß er sich z. B. in einem Prozeß, in welchem Fiskus als Partei auftritt, unabhängig von einem etwaigen Gutachten des Justitiars eine selbstständige Rechtsansicht zu bilden im Stande ist, und daß er den Gang der einzelnen Prozeßarten und des Verfahrens in den Hypotheken- und Vormundschafts-Angelegenheiten, sowie das Strafrecht und das Strafverfahren im Allgemeinen erfaßt und auf der erworbenen wissenschaftlichen Unterlage geistig in sich verarbeitet hat. Mit Rücksicht auf diesen Zweck ist nun aber auch die Beschäftigung der Regierungs-Referendarien seitens der Behörden auf das sorgfältigste zu ordnen und eine umsichtig ausgearbeitete Instruktion unerläßlich.

In den Provinzen, wo das Allgemeine Landrecht und die Allgemeine Gerichtsordnung, resp. das gemeine Recht gelten, wird die gerichtliche Station zweckmäßig bei einem nicht zu großen Untergericht, und noch besser bei einer mit einem tüchtigen Dirigenten versehenen Gerichts-Deputation in einer mittleren Stadt absolvirt, in welcher meistentheils ein lebhafter Verkehr zwischen der Justiz- und Kommunal-, resp. der Polizeibehörde stattfindet. Hier konzentriren sich die Geschäfte qualitativ und quantitativ in einer Weise, daß sie formell und materiell einen gründlichen Einblick in die wesentlichsten Gebiete der Rechtspflege gewähren und gleichzeitig den Ueberblick über das Ganze nicht erschweren. Abgesehen von der Führung der Protokolle in den Kriminal-, Polizei- und Civilsachen wird der Referendarius mit allen Subalterngeschäften, deren nähere Kenntnißnahme für die eigentlichen Verwaltungs-, insbesondere für die Regierungs-Station selbst vorbehalten bleibt, zu verschonen, vielmehr aus jeder Gerichtsabtheilung einem Richter zu überweisen sein, von dem anzunehmen ist, daß er sich mit Neigung und Geschick der juristischen Vorbildung des angehenden Beamten hingeben werde. Das Hauptaugenmerk ist dabei zu richten auf eine sachgemäße, möglichst kurze und bestimmte Dekretur, und eine gute Referir-Methode.

Die Justizverwaltung in den Provinzen des rheinischen Rechts ist dem Verfasser aus eigener Praxis nicht bekannt; er zweifelt aber nicht, daß eine zweckmäßig geordnete Beschäftigung bei einem Friedens- und demnächst bei einem Landgericht, vielleicht auch bei einem tüchtigen Advokaten geeignet ist, in gleicher Weise einen Verwaltungsbeamten juristisch vorzubereiten. Daß die bei rheinischen Gerichten beschäftigten Regierungs-Referendarien sich mit der altländischen Rechtspflege, und die in den östlichen Provinzen bei den Gerichten beschäftigten Regierungs-Referendarien mit der rheinischen Gerichtsverfassung theoretisch bekannt machen werden, muß natürlich vorausgesetzt werden.

Nach Beendigung dieser ersten Station hat der Gerichts-Dirigent über die Beschäftigung des Referendars einen eingehenden Bericht zu erstatten, aus welchem ersichtlich sein muß, in welchen einzelnen Zweigen der Rechtspflege und mit welchen Erfolgen der Letztere gearbeitet, welchen Grad juristischer Auffassung derselbe dabei an den Tag gelegt und ob er den instruktionsmäßig vorgeschriebenen Erfordernissen genügt habe. Je nach dem Ausfall dieses Berichts kann vom Regierungs-Präsidenten die Verlängerung der Beschäftigung beim Gericht um 6 Monate, oder die Ueberweisung des Referendars zur Kommunal-Verwaltung angeordnet werden.

3. Die Beschäftigung in der Kommunal-Verwaltung ist für den Referendarius unter allen Umständen die wichtigste und um so fruchtbringender, je mehr derselbe bestrebt ist, seine praktischen Arbeiten in steter Verbindung zu halten mit den einschlagenden wissenschaftlichen Studien, an deren Erweiterung und Vertiefung die Berufsgeschäfte ihn täglich erinnern werden. Zunächst tritt ihm in der Stadtbehörde ein Doppeltes entgegen: einmal das Gemeinwesen mit kommunaler Selbstverwaltung, sodann die Elementar-Instanz der Staatsverwaltung; nach beiden Richtungen hin greifen aber Erfahrung und Wissenschaft so ineinander und ergänzen sich gegenseitig so sehr, daß es in der That eine instruktivere Beschäftigung, als bei der Kommunalbehörde einer mittel-

großen Stadt, für den angehenden Verwaltungsbeamten nicht geben kann.[5])

Bei der eigentlichen Kommunal-Verwaltung wird er zunächst auf eine genauere Bekanntschaft mit der preußischen Städteverfassung und deren geschichtlicher Entwickelung seit Erlaß der Städteordnung von 1808 hingewiesen werden; er wird aber auch nicht unterlassen, sich überhaupt mit der Geschichte des deutschen Städtewesens, das eine vortreffliche Literatur aufzuweisen hat, näher bekannt zu machen. Es bietet sich ihm hier ein gutes Stück deutscher Rechts-, Staats-, Verfassungs- und Kulturgeschichte, deren pragmatische Auffassung auf sein ganzes amtliches Wirken von gediegenstem Einfluß sein wird. Die eigentlich gelehrten Studien auf diesem Felde wird er allerdings dem Geschichtsforscher von Beruf überlassen müssen, immerhin wird er aber bei einer näheren Bekanntschaft mit diesem Zweige der Wissenschaft in den deutschen Städten die vielhundertjährigen Träger alles Großen und Schönen, was vom Mittelalter bis in die Neuzeit herein geschaffen worden, ehren und lieben lernen, und um solcher Verdienste willen manche Schattenseiten übersehen, von denen, wie alles Menschliche, auch die Kommunal-Verwaltungen nicht frei sind.

In der städtischen Verwaltung giebt es auch nicht einen Zweig, in welchem er nicht, — und zwar in konkreten, nach allen Richtungen hin leicht übersichtlichen Verhältnissen — die auf der Universität empfangenen staatswissenschaftlichen Lehren sofort praktisch verwerthen und ohne die Mühen, welche mit rein theoretischen Studien gar oft verbunden sind, erweitern könnte. Zu erschöpfenden Ausführungen in dieser Beziehung ist selbstverständlich hier nicht der Ort, aber des Hinweises bedarf es wenigstens, wie die Verwaltung des städtischen Vermögens, die Aufbringung des Defizits, das dornenvolle — nach jetziger Lage der Gesetzgebung zugleich eine umfassende Rechtskenntniß erfordernde — Armen- und ein zweckmäßig eingerichtetes Schulwesen, sowie die Handhabung der ohne bestimmte Grenze zwischen der städtischen und der staatlichen Kompetenz in der Mitte stehenden sogenannten Munizipal- (Feuer-, Bau-, Straßen-, Markt- ꝛc.-) Polizei so wichtige Verwaltungsgebiete sind, daß sie jedes Regierungsmitglied aus eigener Uebung und Erfahrung, statt wie es jetzt in den meisten Fällen ist und nicht anders sein kann, nur aus den Akten der Regierung und den Berichten der Magisträte kennen sollte. Es kann nicht einen Augenblick daran gezweifelt werden, daß sich mancher Zweig der Gesetzgebung, den Forderungen der Zeit entsprechend, schneller entwickelt haben würde, wären die höheren Verwaltungskreise mit den der Gesetzesmaterie zu Grunde liegenden realen

---

[5]) Darüber, daß eine Reorganisation unseres Verwaltungsrechts im Sinne der Decentralisation in der Selbstverwaltung zur dringendsten Nothwendigkeit geworden, sind nachgerade die denkenden und wohlmeinenden Köpfe aller politischen Parteien einig. Am durchgreifendsten werden hierbei die Reformen auf den Gebieten der Kreis- und Provinzial-Verwaltung, nicht minder auf denen der Kirche und Schule sein, zu deren aller richtigem und allseitigem Verständniß unerläßlich eine gründliche Kenntniß des Gemeindewesens gehört, da die Gemeinde die natürliche Grundlage aller weiteren Formen der Staatsorganisation bildet.

Verhältnissen durch eine gründliche Praxis in der Kommunal-Verwaltung selbst vertrauter geworden.

Elaborate z. B., wie die beiden Verordnungen vom 9. Februar 1849, die Errichtung von Gewerbegerichten und von Gewerberäthen betreffend, wären dann gewiß niemals zu Gesetzeskraft gelangt.

Von unmittelbarerem Interesse für den höheren Verwaltungsbeamten sind nun aber diejenigen Dienstzweige, in denen die Kommunalbehörden als Elementar-Instanz der Staatsverwaltung fungiren.

Es gehört hierher das weitverzweigte Gebiet der Polizei, welche der Bürgermeister bzw. sein Stellvertreter Namens des Staates zu verwalten hat, sodann die Erhebung resp. auch die Einschätzung der direkten Steuern (Klassen-, Grund-, Gebäude- und Gewerbesteuer) und endlich die vielfachen, dem Staate selbst vorbehaltenen Verwaltungszweige, in denen die Lokalverhandlungen von der Bezirks-Regierung fast regelmäßig den Landräthen oder Magisträten übertragen werden. Von besonderer Wichtigkeit, soweit sie den Kommunalbehörden kompetiren, sind die Steuern, von deren Einschätzung und Erhebung die betreffenden Departementsräthe gegenwärtig aus eigener Anschauung gar keine Kenntniß haben, während sie oft genug die Einschätzung lediglich im Hinblick auf die Schablone der Besteuerungsmerkmale bemängeln, ohne Rücksicht zu nehmen auf die mit den persönlichen und Vermögensverhältnissen der Steuerpflichtigen meist genau bekannte Einschätzungs-Kommission. Das Wesentliche bei der Verwaltung, namentlich der Klassen- und der Gewerbesteuer ruht in den Händen der Kommunal-Behörde (bezüglich des platten Landes zum Theil in den Händen des Landraths) während die Funktionen der Regierung sich größtentheils nur auf die Kontrole des Geschäftsganges und die von Subalternen bewirkten kalkulatorischen Prüfungen beschränken.

Was den Eintritt der Referendarien bei den Kommunal-Verwaltungen betrifft, so erfolgt dieser am zweckmäßigsten im Frühjahr. Es sind alsdann die Massen-Arbeiten, welche in der Regel das vierte und das erste Kalender-Quartal ausfüllen, bewältigt und der angehende in den Geschäften noch ganz unbewanderte Beamte kann sich daher mit mehr Muße orientiren, auch haben die Magistrats-Mitglieder selbst mehr Zeit, sich der Unterweisung des Ersteren zu widmen. Daß die Referendarien nicht nur an den Magistrats-, sondern auch an den Sitzungen der städtischen Deputationen und der Stadtverordneten, sowie an den Einschätzungen zur Kommunal-, Klassen- und Gewerbesteuer Theil nehmen und daß sie daneben in Erstattung auch wichtigerer Berichte und im mündlichen Vortrage geübt werden, ist unerläßlich.

Die Dauer der Beschäftigung bei einer und derselben Kommunal-Verwaltung ist auf mindestens ein Jahr festzustellen, wird aber jedenfalls im Interesse einer gründlichen Ausbildung zweckmäßig auf anderthalb Jahr bemessen, doch würde das letzte halbe Jahr auch in einer anderen Stadt verwendet werden können, wenn sich in letzterer Geschäftszweige (z. B. eine Forstverwaltung, ein Deichverband, ausgedehnterer Gewerbebetrieb rc.) finden sollten, die in der ersteren nicht vorhanden waren.

Nach Beendigung der Kommunal-Station ist sodann vom Bürgermeister über die Beschäftigungen und Leistungen des Referendars an das Regierungs-Präsidium ein eingehender Bericht zu erstatten, der sich, wie der zu 2. gedachte, bestimmt darüber auszusprechen hat, ob durch die Beschäftigung den instruktionsmäßigen Erfordernissen überhaupt und in welchem Grade genügt ist. Je nach dem Ausfall dieses Berichts kann auch hier vom Regierungs-Präsidium die Verlängerung der Beschäftigung um sechs Monate, die dann aber, um eines möglichst objektiven Urtheils sicherer zu sein, besser bei einer andern Kommunal-Behörde angeordnet werden dürfte, oder die Ueberweisung an ein Landrathsamt verfügt werden.

4. Die Beschäftigung beim Landrathsamt führt den jungen Beamten in andere, zum Theil aber nicht mehr unbekannte Geschäftskreise. Zunächst tritt ihm die Doppelstellung des Kreises als ständische Korporation und als Regierungs-Unterbezirk entgegen; nach beiden Seiten hin ist die Verwaltung getrennt, wenngleich sie hier, wie dort, von dem an der Spitze des Kreises stehenden Landrathe geleitet wird. Die Verwaltung des Kreises als einer ständischen Korporation, welche unter dem Vorsitz des Landraths, dem indeß, wenn er nicht selbst Rittergutsbesitzer ist, ein Stimmrecht nicht zusteht, von den Kreisständen geführt wird, erfordert vor allen Dingen eine nähere Kenntniß der ständischen Gesetzgebung und ihrer geschichtlichen Entwickelungen, zu deren gründlichem Verständniß man nicht umhin kann, auf die mittelalterlichen Lehnsrechte zurückzugehen. Es giebt darüber bezüglich aller Theile der preußischen Monarchie eine so reiche Literatur, daß es nicht schwer ist, sich über die früheren und die jetzt bestehenden ständischen Verhältnisse eines bestimmten Kreises genaue Kenntniß zu verschaffen. An das Studium der kreisständischen knüpft sich naturgemäß das der provinzialständischen Gesetzgebung, für welche die Verhandlungen des Kreistags einen hinlänglichen praktischen Kommentar liefern, so daß die Station beim Landrathsamt dem Referendarius die Gelegenheit bietet, sich allgemein mit den ständischen Verhältnissen des Staates theoretisch und praktisch vertraut zu machen. Die Ueberzeugung, daß diese Verhältnisse längst veraltet sind, wird er zu seiner amtlichen Thätigkeit mithin heranbringen. Die Verpflichtungen, welche den Kreisen als ständischen Korporationen gegen den Staat obliegen und auf Gesetzen, Statuten oder Herkommen beruhen (Armenpflege innerhalb der Armenverbände, Leistungen zu militärischen Zwecken in Kriegs- und Friedenszeiten, Beiträge zu provinzialständischen Instituten ꝛc.) begründen umfangreiche Geschäftszweige, welche nur durch praktische Beschäftigung beim Landrathsamt selbst gründlich kennen gelernt werden können.

Der Kreis, als Regierungs-Unterbezirk, wird vom Landrath als beständigem Kommissar der Regierung verwaltet. Bei der bezüglich der größeren Städte beschränkteren Kompetenz des Landraths erstreckt sich dessen amtliche Wirksamkeit als Aufsichts-Instanz hauptsächlich auf die Verwaltung der kleineren Städte und des platten Landes, sowie der gutsherrlichen Polizei, ferner auf die Polizeiverwaltung der Gutsherrschaften nicht unterworfenen Ortschaften, nicht minder auf das

Steuer-, das Landeskulturwesen, die Kommunikationsmittel des Kreises ꝛc. Auch von diesen Theilen der Verwaltung, mit deren praktischer Aneignung zugleich das Studium der betreffenden Gesetzgebung und ihrer geschichtlichen Entwickelung zu verbinden ist, läßt sich nur eine gründliche Anschauung und Einsicht gewinnen, wenn sie der angehende Beamte an Ort und Stelle und in unmittelbarer Verbindung mit ihnen kennen zu lernen Gelegenheit hat.

Was oben unter 2. verlangt wurde, daß während der gerichtlichen Station der Referendarius in den östlichen Provinzen sich theoretisch auch mit der Rechtspflege in den Rheinprovinzen, und der in den letztern beschäftigte Referendar mit der altländischen Rechtspflege bekannt mache, das gilt natürlich auch hier in Betreff der in den östlichen und westlichen Provinzen verschiedenen Städte- und Landgemeinde-Ordnungen.

Den Schluß der Beschäftigung beim Landrathsamt bildet zweckmäßig eine etwa auf 4—6 Wochen zu berechnende Arbeit in der Kreiskasse, welche hinreichende Gelegenheit bietet, in die Gesammt-Organisation des staatlichen Kassen- und Etatswesens einen Einblick zu gewinnen, der, wenn es darauf ankommt, zu einem gründlicheren Studium und zu einer tieferen Einarbeitung auch in diesen Verwaltungszweig befähigt. Es leuchtet ein, daß sich eine Uebersicht über das Kassen- und Etatswesen viel besser erwerben läßt bei der auf ein kleineres Gebiet beschränkten Kreiskasse, als bei der Regierungs-Hauptkasse, bei welcher der Referendarius demnächst allerdings auch noch zu beschäftigen ist, aber zweckmäßig vielleicht zugleich mit der Arbeit bei einem Königlichen Bank-Komtoir, damit er auf diese Weise auch eine Anschauung von dem bei den öffentlichen Geldinstituten herrschenden Geschäftsverkehr erhält.

Analog wie nach Beendigung der beiden ersten Stationen hat hiernächst auch der Landrath über die Thätigkeit und Befähigung des Referendars einen motivirten und sich bestimmt auszusprechenden Bericht zu erstatten.

5. Wenn nunmehr der Referendarius nach gewissenhafter Benutzung der ihm bisher dargebotenen Gelegenheit in das Regierungs-Kollegium eintritt, so ist er unter allen Umständen besser vorbereitet, als wenn er bereits seit Beendigung der akademischen Studien, beziehungsweise der in ihrer jetzigen Einrichtung für den künftigen Verwaltungsbeamten ganz unzweckmäßigen Gerichts-Station bei der Regierung gearbeitet hätte. Statt der eigenen praktischen Erfahrung hätte er sich mühsam aus den Akten und durch die Unterweisungen des oft genug auch nur theoretisirenden Departementsraths unterrichten müssen, und der ganz besonders erhebliche Gewinn, den er aus dem persönlichen Verkehr mit dem Publikum gezogen, wäre ihm unterdeß gänzlich entgangen.

Bei der Regierung können dem Referendarius jetzt — analog den Bestimmungen über die Beschäftigung der Gerichts-Referendarien, welche die zweite juristische Prüfung bestanden — unter der allgemeinen Leitung der Departementsräthe unbedenklich eigene Decernate übertragen, dieselben mit größeren, sich zu Probearbeiten für das Staatsexamen eignenden

Kommissorien betraut, und auf diese Weise allmälig für die künftige selbstständige Arbeit vorbereitet werden. Der sorgfältigeren Kontrole werden sie nur noch in solchen Geschäftszweigen bedürfen, die sie in den früheren Stationen nicht hinreichend kennen zu lernen Gelegenheit hatten; doch muß auch hierbei der Grundsatz möglichster Freiheit und der eigenen Uebung der Urtheilskraft hauptsächlich leitend sein.

Nothwendig ist es, daß während dieser Station die Referendarien sich auch mit der Verwaltung der indirekten Steuern im Allgemeinen bekannt machen. Wo diese als eine besondere Abtheilung mit der Bezirks-Regierung verbunden ist, erfolgt die Beschäftigung bei Letzterer selbst; wo sich aber am Sitz der Regierung ein Provinzial-Steuer-Direktorat befindet, dürfte der Referendarius diesem, wo ein solches aber nicht besteht, einem Haupt-Steueramt auf etwa 3 Monate zu überweisen sein. Ein solcher Zeitraum genügt, um sich mit dem Geiste und der Verwaltung dieses Theils der Gesetzgebung hinreichend bekannt zu machen, eventuell in dieselbe nach bestandener Staatsprüfung mit Erfolg sich einzuarbeiten.

Bekannt zu machen hat sich der Referendarius bei der Regierung auch mit der Bureau-Einrichtung und dem Expeditionswesen, und zwar so, daß er genau die leitenden Gesichtspunkte erfaßt, von denen aus die Bureaux verwaltet werden müssen. Ein Referendarius braucht natürlich nicht im Stande zu sein, einen Registrator zu vertreten, er muß aber wissen, daß es die Aufgabe der Registratur ist, den Eingang, die Zusammengehörigkeit und den Verbleib aller einzelnen Schriftstücke nachzuweisen, und daß zu diesem Zwecke Tagezettel und Repertorien nöthig sind, deren Einrichtung in wesentlichen Stücken überall dieselbe sein muß, in Nebensachen und je nach den speziellen Zwecken aber mancherlei Abweichungen zuläßt.

Endlich — und dies ist seine Hauptaufgabe während dieser letzten Station — hat sich der Referendarius unter beständigem Rückbezug auf seine bisherige amtliche Wirksamkeit einen zusammenhängenden Ueberblick über das Gesammtgebiet des preußischen Staatsrechts nach Verfassung und Verwaltung anzueignen und in Verbindung hiermit die Hauptlehren der Wissenschaft zu rekapituliren. Je mehr ihm dies in ernstem und ruhigem Streben mit Umgehung aller für die Praxis unerheblichen Kontroversen, aber mit entschiedener Parteinahme in allen für die Amtsübung wichtigen Streitfragen gelingt, um so sicherer und fester wird er in seinen Arbeiten werden und um so ruhiger dem Ziele seiner Vorbereitungsbahn entgegensehen können.[6])

---

[6]) Es bedarf nicht der weiteren Ausführung, daß in analoger Weise die Vorbildung zu den höheren Aemtern der Verwaltung auch in den neuen Provinzen zu erfolgen hat: räthlich dürfte es aber nicht sein, während der Vorbereitungsstadien theils in den alten, theils in den neuen Provinzen zu arbeiten, weil durch Verschiedenheit sowohl des formellen als des materiellen Rechts die tiefere Auffassung der Verwaltungsnormen sehr erschwert und eine gründliche einheitliche Ausbildung geradezu verhindert wird. Es wird dadurch natürlich nicht ausgeschlossen, daß nach vollendetem Staatsexamen tüchtige Beamte aus den älteren in die neuen und umgekehrt gesandt und dort angestellt werden; sie werden sich, wenn sie das rigorosum nicht mehr vor sich haben, um so leichter und sicherer in die neuen Verhältnisse einarbeiten.

Ist dieses Ziel erreicht, so hat auf seinen Antrag das Regierungs-Präsidium unter Einsendung der Dienstakten mit den oben unter 2—4 erstatteten Berichten auch seinerseits über die Zulassung des Referendars zur Staatsprüfung an die Minister des Innern und der Finanzen ausführlich zu berichten und sich bestimmt darüber auszusprechen, ob derselbe für ein oberes Verwaltungsamt für befähigt oder nicht befähigt zu erachten sei; auch letzteren Falls darf der Antrag auf Zulassung zur Prüfung in der Regel nicht zurückgewiesen werden. Angeordnet wird die Letztere durch die genannten Ressort-Minister.

IV.

Nach §. 23. und folgende des Regulativs vom 14. Februar 1846 zerfällt gegenwärtig die Assessorats-Prüfung in eine schriftliche und mündliche. Zur schriftlichen Prüfung gehören:

1. eine Abhandlung über einen staatswissenschaftlichen Gegenstand,
2. eine Ausarbeitung über einen polizeilichen und
3. eine über einen finanziellen Gegenstand, wozu die Themata von der Ober-Examinations-Kommission gegeben werden.

Die zweite und dritte Arbeit sollen mehr praktischer Natur sein, und sind hiernach die Aufgaben einzurichten.

Von diesen drei Arbeiten sollte die erste in Wegfall gebracht werden, weil sie in der That für die praktische Befähigung des Kandidaten gar keine Gewähr bietet. Die Benutzung wissenschaftlicher Hülfsmittel muß selbstverständlich gestattet sein; nun giebt es aber über die Staatswissenschaften fast bei allen Kulturvölkern von Plato an bis auf unsere neuesten Staatslexika herab, eine so umfangreiche und leicht zugängliche, auch von den staatswissenschaftlichen Autoritäten selbst gegenseitig so sehr ausgebeutete und verarbeitete Literatur, daß es wohl nicht einen publizistischen Gegenstand giebt, über den man nicht bei nur einiger Gewandtheit im Excerpiren und Kompiliren eine nach Form und Inhalt gefällige Abhandlung sollte schreiben können. Die Auffindung neuer Gesichtspunkte und die Lösung staatswissenschaftlicher Probleme kann aber füglich im Examen nicht verlangt werden, so daß in der That irgend welcher Nutzen von dieser erstgedachten Prüfungsarbeit nicht zu erwarten ist. Sie ist auch um so weniger nöthig, als die beiden anderen, allerdings beizubehaltenden Prüfungsaufgaben vollständig geeignet sind, auch über die wissenschaftliche Befähigung des Kandidaten ein sicheres Urtheil zu gewinnen. Nur sollte die Prüfungs-Kommission bei Stellung derselben darauf beschränkt werden, dem Kandidaten Akten über wirklich vorgekommene Fälle von einer Regierung, bei welcher er nicht gearbeitet hat, mitzutheilen und das daraus zu fertigende, wissenschaftlich und gesetzlich zu begründende Referat genau zu präzisiren.

In Betreff der mündlichen Prüfung ist gegen die Bestimmungen der §§. 27. und 28. des citirten Regulativs Wesentliches nicht zu erinnern: zweckmäßig dürfte es indeß sein, dieselbe lediglich an mündliche Vorträge anzulehnen, welche der Kandidat aus zu diesem Zweck einen oder zwei Tage vor der Prüfung ihm zugestellten Akten zu halten hat.

Diese Vorträge bieten unzweifelhaft Gelegenheit zu wissenschaftlichen und praktischen Exkursen, die gerade durch ihre Beziehung auf konkrete Fälle um so größeren praktischen Werth haben. Es wird hiergegen eingewendet werden, es habe dann der Kandidat den größten Theil der Prüfung mehr oder weniger in seiner eigenen Hand und könne sich gründlich darauf vorbereiten. Theils aber ist dieser Einwand an sich nicht durchaus richtig, theils aber schadet es auch nicht, wenn sich der Kandidat nach seiner Weise auf die mündliche Prüfung vorbereiten kann. Denn nicht darauf kommt es, zumal bei der vorwiegend praktischen Prüfung, an, daß der Kandidat aus dem Stegreif einen wissenschaftlichen Vortrag halten, oder auf alle nach dem oft sehr einseitigen System des Examinators vorgelegten Fragen die im Sinne des Letzteren richtigen Antworten ertheilt, sondern darauf, daß er zu erkennen giebt, er verstehe sich gleichmäßig im gesetzlichen und wissenschaftlichen Material zu orientiren und Beides in gegenseitiger Verbindung zu handhaben. Wer aus einem Aktenstück einen concinnen Vortrag über nicht gar zu einfache thatsächliche Verhältnisse halten, diese nach wissenschaftlichen Gesichtspunkten auffassen und darauf gesetzliche Bestimmungen anwenden kann, der ist eben zur Verwaltung oberer Staatsämter wissenschaftlich und praktisch befähigt — unabhängig davon, ob er sich zu einem solchen Vortrage vorbereitet hat oder nicht. Den Werth der wissenschaftlichen und praktischen Ausführungen und ob diese das geistige Eigenthum des Kandidaten sind, wird der selbst praktisch und wissenschaftlich gebildete Examinator sehr leicht erkennen, der Prüfung auch so verschiedene Richtungen zu geben wissen, daß er durch eine voraufgegangene allgemeine Vorbereitung Seitens des Kandidaten über dessen Befähigung nicht getäuscht wird. Uns scheint, daß eine solche Art der Prüfung besonders geeignet ist:

„die ganze Individualität des Kandidaten, mithin nicht bloß den Umfang und das Maaß seiner theoretischen Kenntnisse, sondern auch seine natürlichen Anlagen, den Grad seiner Urtheilskraft, seiner praktischen Gewandtheit, sowie die Gründlichkeit und Tiefe seiner wissenschaftlichen Auffassung des Erlernten möglichst vollständig zu erforschen." (§. 27. a. a. O.)

Ueber die Feststellung des Resultats der Prüfung enthalten die §§. 30.—33. des Regulativs zweckmäßige Bestimmungen; in Betreff der Zusammensetzung der Prüfungs-Kommission (§. 18.) dürfte aber ein regelmäßiger Wechsel in den Personen der Examinatoren der jetzigen, wenigstens faktischen Permanenz der Mitglieder vorzuziehen sein.

Verlag von J. Guttentag in Berlin
(Guttentag und Kahlen).

Wilhelm Gronau's Buchdruckerei in Berlin.

FSC
www.fsc.org
MIX
Papier | Fördert
gute Waldnutzung
FSC® C083411

Kolibri 360 GmbH
Ferdinand-Jühlke-Straße 7
99095 Erfurt, Deutschland
produktsicherheit@kolibri360.de